AF564075

MÉMOIRE

POUR LA COUR D'APPEL DE PARIS JUGEANT EN MATIÈRE CORRECTIONNELLE

Très-honorables Magistrats,

La condamnation prononcée contre moi a pour cause des actes religieux, ou tout au moins des manifestations politiques que je crois sincèrement m'avoir été inspirées par Dieu. Permettez-moi donc, à raison de la nature exceptionnelle de ce procès, d'invoquer les secours d'en Haut et de faire publiquement le signe du chrétien.

In nomine Patris, et Filii et Spiritûs Sancti. Amen.

> *Deus illuminatio mea et salus mea, quem timebo?*
> *Dominus protector vitæ meæ, à quo trepidabo?*
> *Si consistant adversum me castra, non timebit cor meum.*
> *Ego autem mendicus sum et pauper : Dominus sollicitus est mei.*
>
> L'Enfer entier en vain s'efforce
> De me susciter de l'ennui :
> Mon Dieu, je vous devrai ma force,
> Mon Dieu, vous serez mon appui !

Je conclus à ce qu'il plaise à la Cour réformer le jugement dont j'ai interjeté appel et prononcer mon acquittement le plus complet.

Le jugement par défaut, que je viens soumettre audacieusement et avec une pleine confiance à votre haute et impartiale juridiction, n'aurait pas eu lieu, si la passion politique ne s'en était pas mêlée et si les magistrats instructeurs n'avaient reçu aucun ordre d'un Ministère dirigé maintenant par un homme du Quatre Septembre, par un de ceux qui, devant l'ennemi, ont commis le crime national de renverser un Gouvernement légitime trois fois acclamé par le suffrage universel, de désorganiser ainsi la France et de la faire tristement piétiner du Nord au Midi et de l'Est à l'Ouest, par un ennemi barbare et cruel, dont les insolences seront bientôt punies.

Les poursuites dirigées contre moi n'auraient également pas eu lieu si mon casier judiciaire n'avait pas énoncé

une condamnation par défaut à trois mois de prison, prononcée, en 1858, pour prétendue diffamation de la très-honorable administration de l'Enregistrement et des Domaines, dont j'ai fait partie pendant dix ans d'une manière irréprochable, et dont je me suis retiré sans regret, par une démission volontaire.

Il est dès lors de mon devoir de venger tant mon honneur, que celui de ma nombreuse famille et de ma très-nombreuse parenté.

Si mon ancien dossier correctionnel n'avait pas été brûlé, j'aurais demandé moi-même, avec pièces à l'appui, ma réhabilitation contre cette décision judiciaire, rendue réellement hors de ma présence, en première instance aussi bien qu'en appel.

Mais à défaut de dossier, je vais mettre sous vos yeux une brochure publiée en 1866, qui dès lors a date certaine et qui prouve combien mon honorabilité a toujours été intacte.

Voici d'abord ce que je disais, dans cette brochure, d'un très-digne et très-habile Magistrat, que la cruelle mort aurait dû épargner plus longtemps, dont j'avais conquis l'estime et qui, bien certainement, m'acquitterait aujourd'hui, s'il présidait cette Cour. Je veux parler du très-honorable et très-regretté M. Haton de la Goupillière.

Voici donc ce que je disais de lui dans une brochure publiée en 1866 et que je vous représente :

(Pages 4 à 6, note). Je viens d'apprendre,... jusqu'à *dùm tua Salva sit gloria!*

Dans la même brochure, je disais encore (pages 1 à 4) :

Observations présentées.... jusqu'à.... la décision de mes juges, quelle qu'elle soit!

Voilà donc, Messieurs, ce qu'au vu et su de toute la Cour d'appel, je disais et imprimais en 1866 ; et, si à l'appui de mes assertions il n'y avait pas eu un dossier correctionnel, alors existant, et qui servait de base à mon argumentation, on n'aurait certainement pas laissé imprimer et répandre ma brochure.

Je vais plus loin et j'affirme que l'arrêt par défaut du 22 janvier 1858 a été rendu sans aucune espèce de débat. Ce qui le prouve, c'est que mes prénoms ne sont même pas énoncés exactement.

Mon casier judiciaire m'attribue le prénom de *Louis* qui ne m'a jamais appartenu. Je m'appelle réellement et me suis toujours appelé Honoré-Joseph-Fortuné Roustan. Mon acte et mon contrat de mariage, que je produis en expédition authentique, en font foi. En m'ôtant le prénom d'*Honoré* pour y substituer arbitrairement celui de *Louis*, on m'a en quelque sorte ôté l'honneur, pour le remplacer par de l'or. Mais je n'ai jamais été un homme d'argent et je défie qu'on fournisse la preuve, même par les papiers secrets des Tuileries, que je me sois vendu : car j'ai pour principe, quand on est pauvre, de demander au besoin l'aumône et tête haute, mais de rester indépendant. L'argent qu'un écrivain dans la détresse reçoit à titre d'aumône, ne l'avilit pas, s'il est réellement dans l'indigence, et s'il conserve toute sa liberté de penser et toute la virginité de son caractère.

Si j'étais un homme de mauvaise foi et sachant en outre que mon dossier a été brûlé, je dirais à la Cour :

L'arrêt du 22 janvier 1858 ne me concerne point et ne saurait m'incriminer. Je ne m'appelle pas et ne me suis jamais appelé Louis Roustan. Ce n'est donc pas moi que l'on a condamné à trois mois de prison et je vous défie d'en faire la preuve.

Si la Cour dès lors doit me croire quand je parle contre moi-même, pourquoi ne me croirait-elle point quand je parle en ma faveur? Or, j'affirme de la manière la plus énergique qu'avant comme après ma condamnation du 22 janvier 1858, mon honneur a toujours été intact et très-intact.

Ce premier point éclairci et avant d'entrer dans le fond du débat, permettez-moi, Messieurs, de vous soumettre encore quelques observations. Elles sont indispensables et vous mettront en mesure de m'apprécier avec équité.

MOTIFS RÉELS DE MES ACTES POLITICO-RELIGIEUX

Lire les pages 8 à 15 du TROISIÈME MÉMOIRE, jusqu'à..... *Et comblez nos vœux les plus doux.*

Ces préliminaires établis, je vais, Messieurs, discuter à fond et réduire à néant l'injuste condamnation par défaut, à quinze jours de prison, prononcée contre moi sur la seule déposition d'un agent de police aux gages d'adversaires politiques que je combats et que je combattrai plus que jamais.

La cause que je plaide sous la seule protection de Dieu, de Notre-Dame de la Salette et de Jeanne Darc, soulève deux questions principales.

Il s'agit de décider d'abord, si je suis sain d'esprit; ensuite, si je suis coupable.

Par des motifs que je ne ferai connaître qu'autant que la Cour m'en intimerait l'ordre, je ne me suis pas défendu en première instance, et je n'ai pas même attendu la signification du jugement par défaut rendu contre moi.

N'étant d'ailleurs assisté d'aucun avocat, par des motifs encore que je n'expliquerai que sur réquisition expresse de votre part, j'ose espérer que vous serez assez indulgents pour me laisser toute la liberté de ma défense. N'oubliez pas, je vous prie, que je suis un père de famille indignement calomnié depuis 1852, un père de sept enfants (j'en ai eu douze en tout); qu'en me faisant passer pour fou, ou tout au moins pour monomane, on nuit à moi, à ma femme, à mes enfants, à mon commerce, à mes deux jeunes filles surtout, âgées de 16 et de 18 ans; et que j'ai dès lors le plus grand intérêt à liquider une bonne fois et publiquement cette terrible accusation de folie.

C'est donc par là que je commence.

PREMIÈRE PARTIE DU MÉMOIRE

PREUVES QUE JE SUIS SAIN D'ESPRIT

Le Parquet de Versailles, ou plutôt la police radicale de M. Jules Simon-Suisse, pour lesquels je suis un Bonapartiste peu agréable et même compromettant, aurait bien voulu se débarrasser de moi, comme, dans son temps, le misérable ministre Billault, d'infâme mémoire, se débarrassa de son ancien ami Sandon en le faisant passer pour fou et en le détenant comme tel.

On voulait donc soumettre mon état mental à l'examen d'un seul médecin. A raison de la gravité de la décision à intervenir et des conséquences déplorables qu'elle pouvait avoir pour moi et pour ma famille, je demandai l'adjonction de deux autres médecins, persuadé, d'une part, qu'en matière de jugements humains, la trinité vaut mieux que l'unité; et, d'autre part, qu'il est plus facile de circonvenir en secret un seul juge que trois.

A l'unanimité et après discussion contradictoire, on a décidé avec raison que j'étais exalté, mais parfaitement sain d'esprit. L'exaltation est même chez moi la condition *sine quâ non* du peu de talent qu'il a plu à Dieu de me départir.

Il est néanmoins de mon devoir de prévenir la Cour que, devant les médecins aliénistes, je n'ai pas dit toute la vérité, attendu que, athées ou matérialistes en général, ils ne peuvent valablement être juges de faits de l'ordre surnaturel.

D'ailleurs une simple consultation, même de trois médecins, sans autres témoins qu'eux-mêmes, juges et parties dans leur propre cause, et sans débats contradictoires et publics, n'offre pas toutes les garanties désirables contre l'erreur et la partialité. C'est toujours un tribunal occulte, devant lequel j'ai tremblé, bien qu'il soit beaucoup moins terrible que le célèbre et inique Conseil des Dix. Mais, quand on pense qu'il suffit du ténébreux certificat d'un seul homme pour vous arracher, arbitrairement et sans discussion possible, à votre commerce, à votre femme, à vos enfants, à toutes vos affections enfin, et à tout votre bonheur, oh ! alors, de quelque énergie de caractère que l'on soit doué, il est permis d'avoir peur, sans néanmoins être lâche ! Eh bien, je l'avoue sans rougir ; quelque hardi que je sois, j'ai tremblé et tremblé sérieusement devant ce pouvoir inique, ce pouvoir d'un seul jugeant occultement et en dernier ressort.

Comme Galilée devant le tribunal de l'Inquisition et contrairement à mon sens intime, j'ai affirmé que la terre ne tournait pas et que je ne me croyais pas inspiré. Ainsi que je l'ai expressément énoncé à la page 119 de mon ouvrage sur *Dieu, Jeanne Darc* et *Napoléon IV*, je n'ai présenté aux médecins aliénistes qu'une partie de la vérité, mais je n'ai pas menti pour cela; je leur ai dit : « Comme écrivain, je suis original. L'idée de remplir « sérieusement le rôle de prophète m'a paru piquante ; « et j'ai pensé qu'au point de vue commercial, je pour- « rais faire une spéculation heureuse; que mon ouvrage « dès lors se vendrait, tout au moins comme une curio- « sité politique et de circonstance.

« C'est là peut-être une bizarrerie littéraire ; mais si « vous vouliez enfermer comme fous tous les auteurs qui « ont des idées singulières et hardies, on en verrait fort « peu en liberté. »

Voilà ce que j'ai imprimé en toutes lettres dans un ouvrage publié dès le mois de septembre dernier. Je prévoyais déjà que ce moyen de défense contre l'imputation de folie serait un jour employé avec succès.

Je m'accuse donc, devant la Cour, de n'avoir pas fait connaître aux médecins aliénistes le vrai et complet état de mon âme. Si j'avais soutenu sérieusement devant ces Messieurs le système que je vais exposer devant vous, si j'avais affirmé que je me croyais réellement inspiré et soutenu par Dieu, Notre-Dame de la Salette et Jeanne Darc, on m'aurait aussitôt expédié à Charenton ou à Sainte-Anne, en vertu d'un certificat médical à peu près motivé en ces termes :

« Attendu que M. Roustan est atteint d'une monomanie « religieuse sous l'empire de laquelle il profère des cris « publics tels que ceux-ci : *A bas, par la voie de la dissolu-* « *tion légale, les tristes gens du Quatre Septembre, partisans* « *des enterrements civils et souteneurs des doctrines athées et* « *révolutionnaires; Au nom de Dieu tout-puissant et éternel,* « *malédiction sur eux, malédiction sur eux, malédiction sur* « *eux !*

« Attendu que bien que les gens raisonnables ne « doivent pas s'inquiéter des paroles et des cris d'un fou, « M. Roustan pousse ses cris publics avec une très-grande « énergie et une très-grande habileté, de telle sorte que « ses cris, bien que comprimés à l'origine, finissent tou- « jours par avoir un retentissement européen;

« Qu'on peut dire qu'en fait de cris publics, M. Roustan « est passé artiste-maître et a fait des élèves qui sont loin « de le valoir;

« Que le mercredi 10 mai 1876, M. Roustan, dans les « tribunes et dans les couloirs de l'Assemblée nationale, « a crié impunément :

« *Au nom de Dieu et de Jeanne Darc, vive Napoléon IV!*

« Attendu que seulement sept mois après, le 12 dé- « cembre 1876, à la sortie de la Chambre des Députés, « rue de la Bibliothèque, à Versailles, vers six heures du « soir, le même M. Roustan a récidivé en ces termes :

« Vive le Maréchal de Mac-Mahon, vive le Sénat, vivent

« les Députés conservateurs, et à bas les Radicaux par « voie de dissolution légale !

« Attendu que de tels cris contrarient beaucoup les « gens du Quatre Septembre qui pourraient être au pou- « voir et qu'il est indispensable d'en prévenir le retour ;

« Attendu, qu'à moins de trouver, comme faux té- « moin, quelque agent de police du parti radical, qui, « pour avoir de l'avancement, affirmera que M. Roustan « a crié : *à bas les Députés*, et par les voies révolution- » naires, lorsqu'il a crié, au contraire, *à bas les Radicaux* « *par voie de dissolution légale* et *vivent les Députés conserva-* « *teurs*, il n'est pas possible d'incriminer sérieusement les « cris de M. Roustan, attendu qu'il les combine et les « prémédite avec beaucoup d'adresse et de sang-froid ;

« Que le seul moyen d'empêcher M. Roustan de pro- « férer impunément de tels cris, est de l'enfermer comme « un monomane très-dangereux pour les gens du Quatre « Septembre, qu'il ne cesse de dénigrer ;

« Attendu que la police radicale de M. Jules Simon- « Suisse exigeant qu'on la débarrasse de M. Roustan, « nous, L. D. S. et L..., médecins attachés à la préfecture « de police, et dès lors parfaitement indépendants et ne « voulant point nous mettre mal avec les gens d'en bas « arrivés au Pouvoir, concluons à ce que M. Roustan soit « enfermé dans une maison de fous, tant que les susdites « gens du Quatre Septembre seront au Pouvoir. »

Voilà, Messieurs, quels seraient à peu près, s'ils étaient énoncés franchement et clairement, les motifs de mon envoi à Charenton ou dans toute autre maison de fous !

Ces motifs seraient-ils fondés ? Je ne le pense pas et je vais essayer d'en fournir la preuve.

Lors même que je serais fortement désagréable à la police radicale de M. Jules Simon-Suisse et que je ne cesserais de la harceler indirectement, serait-ce un motif suffisant pour me faire enfermer? Fait-on enfermer les journalistes qui dénigrent sans cesse le Pouvoir, même avec mauvaise foi? On les livre aux tribunaux quand on le peut, et on les fait condamner au besoin; c'est tout ce qu'on a le droit de faire.

Or, en ce qui me concerne, deux cris proférés à sept mois d'intervalle sont loin d'égaler les violentes et journalières critiques de certains journaux.

Si j'ai donc commis un délit, qu'on me livre à la justice, mais qu'on ne m'enferme pas arbitrairement.

D'ailleurs et pour l'avenir, je prends l'engagement solennel d'être beaucoup plus réservé et beaucoup moins tapageur.

Voici maintenant, Messieurs, en quoi consisterait ma folie, ou plutôt ma monomanie.

Dans l'acte solennel que j'ai accompli le mercredi 10 mai 1876 dans les tribunes et dans les couloirs de l'Assemblée nationale, je crois avoir agi par une inspiration divine, comme prophète et au point de vue de l'avenir, ainsi que je l'ai expliqué avec détail dans mon ouvrage sur *Dieu, Jeanne Darc et Napoléon IV*, notamment aux pages 18, 19, 142 à 145. On est certainement libre de ne pas croire à mes inspirations et de les qualifier même de tocades. Mais, à moins de tomber sous le régime du bon plaisir et de l'arbitraire, ce n'est point là un motif suffisant pour me faire enfermer, surtout, je le répète, lorsque je prends l'engagement solennel d'être à l'avenir moins tapageur.

Je termine cette question d'aliénation mentale par une nouvelle citation de mon ouvrage sur *Dieu, Jeanne Darc et Napoléon IV* (pages 142 et 143).

« Pour ne point faire fausse route, il ne faut ni exa-
« gérer le don de prophétie qu'il a plu à Dieu et à Jeanne
« Darc de me conférer, ni le tourner en ridicule.

« Au fond, *et en raisonnant au point de vue humain*, j'ignore

« si je suis réellement prophète au sens de l'Église catho-
« lique. *Je le crois néanmoins sincèrement.* Mon juge définitif
« et infaillible sera notre Très-Saint-Père le Pape, aux
« décisions duquel je déclare me soumettre avec le plus
« grand respect.

« Je dirai encore, avec toute la naïveté et la simplicité
« de mon caractère :

« Si j'ai parlé au nom de Dieu et de Jeanne Darc, j'ai
« bien parlé, et l'on doit en tenir compte, car l'événement
« se réalisera.

« Si j'ai parlé comme homme, je n'aurai dit que des
« sottises et l'on peut y cracher dessus : je ne me sentirai
« point blessé!

« Ma mission prophétique est donc très-simple et se
« réduit à trois choses principales et dans l'ordre sui-
« vant : d'abord, la prochaine canonisation de Jeanne
« Darc; ensuite l'avénement de Napoléon IV; enfin l'ex-
« pulsion définitive des Prussiens de l'Alsace et de la
« Lorraine, redevenues françaises par la volonté de Dieu
« et de Jeanne Darc et d'après le vœu de ses habitants. »

Telle est donc ma mission prophétique ou du moins ce que je considère comme tel.

Vous le voyez, très-honorables Magistrats, si je suis fou ou monomane, je ne suis ni entêté ni dangereux; à moins que la juste critique des mauvaises doctrines ne me fasse considérer comme tel : ce qui, bien certainement, ne serait pas équitable.

Et il est évident aussi que dans les cris publics qu'on incrimine, j'ai agi avec la plus parfaite bonne foi et sans intention coupable, croyant au contraire me dévouer pour le salut de la France et obéir réellement à Dieu, à Notre-Dame de la Salette et à Jeanne Darc : à tel point que si je n'avais pas cru faire un acte méritoire devant Dieu, sinon devant les hommes, je me serais totalement abstenu de telles manifestations!

Or, il me semble que là où il n'y a pas intention coupable, il ne saurait exister de délit correctionnel.

Pour achever de vous convaincre, Messieurs, que je ne me suis jamais écarté de la légalité, et après vous avoir prouvé, je l'espère, que je suis parfaitement sain d'esprit, je passe à la deuxième question qu'il s'agit de résoudre; et, avec l'aide de Dieu, de Notre-Dame de la Salette et de Jeanne Darc, je vais prouver juridiquement que je ne suis point coupable.

DEUXIÈME PARTIE DU MÉMOIRE

PREUVES LÉGALES DE MON INNOCENCE

De quoi m'accuse-t-on?

On a trouvé un témoin, un seul témoin, en quelque sorte juge et partie dans sa propre cause, un agent de police à peu près inepte, et qui, probablement pour se faire auprès de ses chefs un piédestal à mes dépens, prétend que j'ai crié : *A bas les Députés*, et par les voies révolutionnaires, tandis que j'ai dit : Dissolution, à Bas les Radicaux! c'est-à-dire à Bas le parti radical, même les quelques Députés radicaux, mais à bas par la voie de la dissolution légale!

Ne serait-ce pas le cas, à raison de la qualité suspecte du témoin et des dépositions contraires d'autres personnes très-honorables, d'appliquer la saine maxime *testis unus, testis nullus;* en sorte qu'on pourrait dire avec beaucoup de raison au Ministère public : la preuve du délit imputé à M. Roustan n'est nullement faite; et M. Roustan est en outre fondé à récuser l'agent de police H...., par les motifs suivants :

Ainsi que M. Roustan l'a énoncé dès la première page du troisième Mémoire imprimé, de 16 pages in-8°, distribué la veille du jugement aux Magistrats de première instance, voici les cris qu'il reconnaît avoir proférés : « Vive le Maréchal de Mac-Mahon! Vive le Sénat, comme « étant le premier et très-respectable Pouvoir du Pays; « Vivent les Députés conservateurs, et à bas, par voie « de dissolution légale, les Radicaux, ennemis de la reli- « gion et propagateurs des doctrines athées et révolu- « tionnaires! »

Sous une autre forme (cela est encore imprimé en toutes lettres dès la première page du troisième Mémoire joint au dossier), sous une autre forme, M. Roustan a crié :

« Vive la République conservatrice! A bas, par la voie « légale de la dissolution, les tristes gens du Quatre « Septembre, partisans des enterrements civils!

« Au nom de Dieu tout-puissant et éternel, malédic- « tion, malédiction, malédiction sur eux! »

M. Roustan n'a aucune difficulté à reconnaître loyalement que, par ces mots : *tristes gens du Quatre Septembre*, il a visé d'une manière toute particulière M. Jules Simon-Suisse, Ministre de l'intérieur et Président du Conseil des Ministres.

Que M. Jules Simon-Suisse soit partisan des enterrements civils, déplorable et publique manifestation d'athéisme *que tout gouvernement qui se respecte ne devrait pas tolérer* (ceci est encore écrit en toutes lettres à la page 7 du premier Mémoire ayant pour titre : *Les Souffrances d'un Prévenu Bonapartiste soumis à un dur régime cellulaire*); que M. Jules Simon-Suisse soit un libre ou triste penseur, partisan de toutes les religions passées, présentes et futures, et n'en pratiquant d'autre que celle de l'indifférence; ce qui constitue encore l'athéisme, mais sous une forme mitigée; qu'au fond M. Jules Simon-Suisse, quoique personnellement honnête homme, soit un politique très-dangereux, aussi dangereux que les douces et perfides Sirènes qui vous endormaient par leurs chants et vous entraînaient dans l'abîme; à mes yeux c'est incontestable, et voici pourquoi :

Un fait reconnu par tous les historiens, c'est que la propagation et l'adoption des doctrines athées et matérialistes est pour une nation une cause certaine de ruine et de décadence. Le devoir de tout vrai politique est donc de combattre de telles doctrines et de propager les doctrines contraires, les doctrines spiritualistes, qui seules élèvent l'âme et font les héros et les martyrs.

A ce point de vue, M. Jules Simon-Suisse, ce parfait honnête homme, cette mielleuse et innocente Sirène (du moins aux yeux de ceux qui ne jugent que d'après l'apparence), M. Jules Simon-Suisse, par sa tolérance bien connue pour toutes les mauvaises doctrines, est une véritable peste d'État; et, je le déclare de nouveau et hardiment au nom de Dieu tout-puissant et éternel, cette perfide Sirène ne restera pas au Pouvoir et ne continuera pas à nous ensorceler!

Qu'on veuille bien me pardonner cette petite digression; elle était nécessaire pour faire comprendre combien le témoignage de l'agent de police H.... a peu de valeur.

Il est incontestable que, par mes actes et mes écrits, et en ma qualité de chrétien catholique fervent et convaincu, je veux amener, au nom des intérêts publics, la chute du ministère de M. Jules Simon-Suisse.

Je suis donc en état de guerre avec ce Ministère.

Le seul témoin qu'on m'oppose est un agent inférieur de ce ministère : donc j'ai le droit de le récuser; car c'est l'homme de mes adversaires, il est à leur service, et il a pu être influencé par eux.

Même, en admettant son témoignage, je vais encore prouver que ce témoignage ne peut m'incriminer.

L'agent de police H.... convient, tout en prétendant que j'ai crié *A bas les Députés*, que j'ai crié en outre *dissolution :* ce qui revient à dire que j'aurais demandé, en pleine rue de la Bibliothèque, à Versailles, et à haute voix, que la Chambre des Députés fût dissoute, évidemment par les voies légales. Mon cri, ainsi entendu, n'est donc point séditieux, comme n'étant pas sérieusement contraire aux lois : c'est un cri public passible des peines de simple police, peines que j'ai plus que subies et par anticipation, ainsi que le prouvent, avec la dernière évidence, les pièces imprimées jointes au dossier et que je crois inutile de vous lire.

Mon cri public se terminait de la manière suivante :

A Bas les Radicaux! Dissolution ; oui, dissolution légale de la Chambre des Députés pour cause d'impiété et d'impuissance!

Si l'agent H...., le seul et partial témoin qu'on m'oppose, est de bonne foi, je ne puis l'excuser qu'en faisant remarquer qu'il a confondu *dissolution légale de la Chambre des Députés* avec *A Bas les Députés* présenté par lui dans un sens révolutionnaire et coupable.

Cet agent, ainsi que la Cour peut le voir, est de figure très-commune, de manières tout aussi communes et d'une intelligence bornée, qui n'a pas été développée par des études suffisantes. Cet agent inférieur, n'entendant rien aux délicatesses du langage, a évidemment confondu *dissolution légale de la Chambre des Députés* avec *A Bas les Députés* pris dans un mauvais sens. — Cela paraît incontestable.

Si l'agent de police H...., que vous pourriez appeler devant vous une dernière fois, persiste à soutenir que c'est au commencement de ma manifestation que j'aurais crié : *A Bas les Députés, et par une autre voie que la dissolution légale*, dans ce cas, j'accuse cet agent d'être un faux témoin ; et, pour le prouver, je demande bien pardon à la Cour d'être obligé d'entrer dans de nouveaux détails.

Le conducteur d'omnibus Armand a déposé qu'il m'avait averti que la police voulait m'arrêter et me surveillait de près.

Le sieur Gay, employé à la Chambre des Députés, a également déposé qu'il m'avait fait sortir de la première pièce d'entrée, comme étant suspect. La police avait donc les yeux sur moi.

Si, au lieu de crier, comme je l'ai fait réellement, *Vive le Maréchal de Mac-Mahon*, *Vive le Sénat*, *Vivent les Députés conservateurs*, j'avais commencé par ce cri inconstitutionnel et séditieux : *A Bas les Députés*, et *par les voies révolutionnaires*, comment la police radicale de M. Jules Simon-Suisse, qui avait menacé de m'arrêter avant que j'eusse proféré le moindre cri, m'aurait-elle laissé crier tout à l'aise et pendant un bon quart d'heure? Car, voici, indépendamment des cris que je viens d'énoncer, avec quelle vigueur et quelle rapidité je poussais les cris suivants (j'opérais par triade) :

A Bas les Radicaux!
A Bas les Radicaux!
A Bas les Radicaux!
Vivent les Députés Conservateurs!
Vivent les Députés Conservateurs!
Vivent les Députés Conservateurs!
Dissolution!
Dissolution!
Dissolution!
Oui,
Dissolution légale de la Chambre des Députés, pour cause d'impiété et d'impuissance!

Je dis en outre que si j'avais *volontairement* crié, dès mon début, *A Bas les Députés*, c'est-à-dire *à Bas toute la Chambre des Députés*, j'aurais crié, passez-moi le mot, la chose la plus bête du monde, et l'on aurait certainement été en droit de me dire :

M. Roustan, on concède que vous avez quelque intelligence, bien que vous soyez original et même quelquefois excentrique? Ou vous aviez tout à fait perdu la boule (permettez-moi de me servir de ce terme vulgaire), ou vous étiez gorgé de vin (moi qui ne bois guère que de l'eau), le jour où vous avez fait cette belle escapade? Quoi, pour quelques gredins de radicaux qui, selon l'énergique expression de Jean-Jacques, empuantissent le bercail politique, vous voudriez envoyer à tous les diables les plus honnêtes gens! Mais, mon pauvre ami, la passion vous emporte évidemment au point de ne plus être maître de vous? Vous n'êtes réellement pas *mentis compos*, et, si vous l'êtes, il faut vous rétracter et vous amender.

A cela je répondrais avec la plus grande simplicité d'esprit. J'admets que je suis un pauvre diable, d'intelligence très-commune, mais je ne puis pas me dire bête à ce point!

Est-ce ma faute si l'on m'expédie, pour juger un littérateur, un agent de police à peu près illettré, et puis-je être sérieusement responsable des sottises ou de la mauvaise foi d'un tel agent! Lisez donc les pièces imprimées jointes au dossier : elles concordent toutes dans une rationnelle harmonie et elles renferment un accent de candeur et de vérité qu'un innocent seul pourrait contrefaire.

Voyez seulement ce que je dis à la fin de mon premier Mémoire.

« On m'accuse d'outrage public à la très-respectable et « très-pieuse Chambre des Députés.

« Mon intention n'a jamais été de l'outrager le moins « du monde.

« A raison de la partie mauvaise de cette Chambre et « de ses tendances impies et révolutionnaires, et tout en « criant : *Vive le Sénat, Vivent les Députés Conservateurs!* j'ai « demandé que M. le Maréchal de Mac-Mahon, usant des « voies légales, voulût bien faire appel au pays et dis- « soudre les libres ou tristes penseurs, partisans des « enterrements civils, lesquels, je le répète à dessein,

« sont une manifestation publique d'athéisme, que tout « Gouvernement qui se respecte ne devrait pas tolérer !

« Le parti radical voudrait enterrer Dieu : c'est Dieu, « au contraire, qui l'enterrera lui-même ! »

Voilà, Messieurs, ce que je ne cesse de dire dans tous mes Mémoires imprimés et qui ont été mis sous vos yeux.

Vous voyez donc que ma manifestation est avant tout honnête et religieuse, et que je n'ai jamais pu proposer d'envoyer à tous les diables des Députés en général très-consciencieux et très-honorables.

Ce qu'on pourrait envoyer avec beaucoup plus de raison à tous les diables, c'est l'inepte ou malhonnête témoin qu'on m'oppose [1].

Je vais continuer de prouver que l'agent inférieur de police, le sieur H...., est réellement un faux témoin.

Cet agent a prêté serment devant le tribunal de Versailles, le jeudi 11 janvier 1877, et a juré de dire la vérité, toute la vérité, et rien que la vérité.

C'est le même agent qui m'a arrêté lorsque je proférais mes cris politiques poussés avec une très-grande vigueur et dont toute la rue de la Bibliothèque a sinistrement et prophétiquement retenti. J'étais, en ce moment, dans l'état de lucide exaltation de la sibylle de Delphes sur son trépied et j'en avais toutes les crises nerveuses ; à tel point qu'à l'aide d'une simple commotion électrique, il m'eût été très-facile de renverser tout agent qui aurait mis la main sur moi. Par respect pour l'Autorité, à laquelle j'entends me soumettre plus que jamais, je n'ai pas voulu faire usage de la force extraordinaire et momentanée que Dieu me donne pour accomplir ma mission. Si la police de Versailles, qui se doutait de mes projets et qui avait menacé de m'arrêter, même avant que j'eusse rien fait de contraire aux lois, si la police de Versailles m'a-

1. On m'objectera.... jusqu'à mémoire vénérée. (V. la 2e page de la couverture).

vait mis un bâillon sur la bouche, Dieu m'aurait donné la force nécessaire pour mettre en pièces ce bâillon, de la manière la plus simple et avec la plus grande aisance.

Il est donc positif qu'au moment où j'ai poussé mes cris sinistres et prophétiques, j'étais dans un état de surexcitation extraordinaire et que ces cris, par leur vigueur inusitée, ont eu un grand retentissement. M. le Vicomte de Lorgeril, Sénateur, en est convenu lui-même.

Pendant que l'agent de police H.... me tenait avec une certaine brutalité, je criais énergiquement et à gorge déployée :

A Bas les Radicaux !
A Bas les Radicaux !
A Bas les Radicaux !
Vivent les Députés Conservateurs !
Vivent les députés Conservateurs !
Vivent les Députés Conservateurs !
Dissolution !
Dissolution !
Dissolution !
Oui,

Dissolution légale de la Chambre des Députés, pour cause d'impiété et d'impuissance !

J'opérais ainsi par *triade*, c'est-à-dire par cri répété trois fois ; et j'ai, au moins neuf fois en tout, crié : *Vivent les Députés Conservateurs !*

Il est donc impossible que le sieur H.... n'ait pas entendu ce dernier cri, puisqu'il reconnaît avoir entendu le cri de *dissolution* (évidemment dissolution légale) dont il était suivi.

L'agent de police H.... en taisant ce cri essentiel : *Vivent les Députés Conservateurs*, constaté par les autres témoins, notamment par les sieurs Armand et Jay, a donc fait un faux témoignage, puisqu'il n'a point dit toute la vérité et qu'il a usé sciemment d'une réticence coupable.

En effet, s'il avait dit, selon la teneur de son serment,

toute la vérité et rien que la vérité, il eût été facile de lui prouver qu'il a confondu *Dissolution légale de la Chambre des Députés* avec les mots *A Bas les Députés*, dans le sens de : *A Bas toute la Chambre des Députés et par les voies révolutionnaires.* Aucun des autres témoins n'a entendu ce derhier cri.

J'aurais ainsi crié, d'après l'agent de police H...., *A Bas les Députés*, et en même temps, d'après les autres témoins : *Vivent les Députés Conservateurs !*

Or, que faut-il entendre par Députés Conservateurs? — Évidemment, tous les députés (Bonapartistes, Légitimistes, Orléanistes et Républicains), partisans de la Religion, de la famille et de la propriété, c'est-à-dire la presque totalité de la Chambre.

En admettant que par une erreur involontaire et dont je ne saurais être responsable, j'eusse dit (dans ce cas par une permission de Dieu) : *A Bas les Députés*, au lieu de : *A Bas les Radicaux*, ce cri *A Bas les Députés*, poussé une seule fois, et au commencement, d'après l'agent H...., ne saurait prévaloir contre le cri beaucoup plus énergique et bien volontaire, poussé plus tard jusqu'à neuf fois : *A Bas les Radicaux ! Vivent les Députés Conservateurs ! Dissolution légale !*

Même le cri : *A Bas les Députés*, rapproché de l'autre cri : *Vivent les Députés Conservateurs*, ne peut s'appliquer qu'à quelques députés, à ces *députés radicaux*, ennemis de la religion, et par suite de la famille et de la propriété, et tristes représentants de la canaille impie et révolutionnaire qui a commis les incendies, les crimes, les massacres et les assassinats de l'odieuse et horrible Commune de 1871; ce qui, pour le parti radical et devant l'histoire, sera toujours une tache de sang et de feu à jamais ineffaçable.

Ce qui prouve encore que je n'ai point voulu dire : *A Bas les Députés*, c'est que, au moment de mon arrestation, on a saisi sur moi, écrites de ma propre main, les paroles prophétiques que je devais énergiquement proférer.

Cette pièce se trouve dans mon dossier. Or, il n'y est nullement question du cri : *A Bas les Députés*. On y lit au contraire, et en toutes lettres : *A Bas la radicanaille et ses représentants !* cri que j'ai remplacé par celui-ci : *A Bas les Radicaux !* comme étant beaucoup plus facile à prononcer ; car, en matière de *cris publics*, je suis un véritable artiste, et l'art, sur ce chef, consiste à exprimer vigoureusement sa pensée avec le moins de termes possible et avec des mots courts et sonores !

L'agent H.... ayant donc affirmé faussement que j'ai crié *A Bas les Députés, par les voies révolutionnaires* et ayant, en outre, retranché *sciemment* de mes cris la partie la plus essentielle, *Vivent les Députés conservateurs*, pour la remplacer arbitrairement par les mots *A Bas les Députés;* et ayant ainsi donné, encore sciemment, à mes cris, une signification toute différente de celle qu'ils avaient, dans le seul but de m'incriminer injustement, est réellement un faux témoin; et je requiers expressément, au nom de la loi, que les peines prononcées contre les faux témoins lui soient appliquées.

Et quand j'affirme que l'agent de police H.... est un faux témoin au service du parti radical, je suis encore dans le vrai ; car il est de notoriété publique, à Versailles, que je n'ai été arrêté que sur l'ordre exprès de quelques Députés radicaux.

Voici une dernière argumentation très-claire, très-sérieuse et qui me paraît irréfutable.

Même en admettant le dire de l'agent de police H...., le cri : *A Bas les Députés, Dissolution*, précédé de cet autre cri : *Vive le Maréchal de Mac-Mahon, Vive le Sénat*, signifie évidemment que c'est par les voies pacifiques et légales, par un acte émané du *Président de la République s'appuyant sur le Sénat*, que je demandais que la Chambre des Députés fût légalement dissoute.

Mon cri *A Bas les Députés*, lors même que je l'aurais

réellement proféré, mais une seule fois, par erreur et par une sorte de *lapsus linguæ*, ce que je reconnais être vrai; et lors même que ce cri involontaire n'aurait pas été modifié par cet autre cri très-significatif *Vivent les Députés conservateurs;* mon cri *A Bas les Députés par voie de dissolution légale*, loin d'être séditieux, était donc parfaitement conforme aux lois.

Sous une autre forme et toujours en admettant comme vraie et complète la déposition de l'agent de police H.... (j'ai prouvé avec assez d'évidence, je l'espère, qu'il a menti et qu'en outre il a tu sciemment une partie très-essentielle de la vérité), voici, rédigé en style ordinaire, ce que j'aurais crié :

Je demande que M. le Maréchal de Mac-Mahon reste au Pouvoir (*Vive le Maréchal de Mac-Mahon*); et que, s'appuyant sur la *première Autorité du Pays*, sur le Sénat de la République française dûment maintenu (*Vive le Sénat*), il dissolve par les voies pacifiques et légales (*dissolution*), la Chambre des Députés (*A Bas les Députés*), à cause des mauvaises tendances du parti radical, du parti athée et matérialiste de cette Chambre (*A Bas les Radicaux*).

Une telle pétition, même rendue publique, n'est nullement séditieuse.

Les Juges de première instance, qui m'ont condamné bien à tort, quoique je ne fusse pas présent, ont manqué aux règles les plus élémentaires d'une saine logique, éclairés surtout qu'ils étaient par les quatre Mémoires imprimés joints à mon dossier correctionnel.

Je termine par une observation qui ne manque pas d'importance.

M. le rédacteur en chef du *Figaro* remplaçant M. de Villemessant, est convenu que le lundi 11 décembre 1876, je lui ai offert cent francs s'il consentait à publier dans son journal ma lettre à Madame la Maréchale de Mac-Mahon.

Voici cette lettre qui n'est pas longue et que vous me permettrez de lire dans son entier.

Versailles, le dimanche soir, 10 décembre 1876, 8 heures.

(*Lettre mise à la poste de Versailles, le lendemain seulement, à 9 heures du matin.*)

A MADAME LA MARÉCHALE DE MAC-MAHON
DUCHESSE DE MAGENTA

Madame la Maréchale,

Il est de mon devoir, dans la crise actuelle et qui se prolonge, de rappeler à votre Auguste Époux, par votre douce et honorable influence, quelle doit être sa ligne de conduite.

Je continue à parler hardiment au nom de Dieu, justement irrité contre les principes athées et matérialistes de la Chambre des Députés, et au nom de Jeanne Darc, inspirée de Dieu et protectrice de la France.

Dieu et Jeanne Darc m'ordonnent de prévenir de nouveau le Président de la République qu'il doit, en s'appuyant sur la majorité catholique du Sénat, résister énergiquement à la Chambre des Députés, et la dissoudre au besoin, si elle persiste à se proclamer impie sous le pseudonyme de liberté de conscience.

Une Chambre athée, et qui prendrait le dessus, conduirait infailliblement la France à la ruine et à la guerre civile.

Sur la question d'Orient, il faut protéger les chrétiens, *d'un commun accord avec la Russie;* et, en cas de guerre, et puisque la banque a des milliards improductifs, utiliser cette ressource providentielle et prêter à la Russie à un taux modéré.

Dans l'avenir, et même dès ce moment, la France et la Russie doivent être un peuple de frères.

Les principes que j'énonce sont plus amplement développés dans le cours et dès les premières pages d'un ouvrage que j'ai publié au mois de septembre dernier, et qui a pour titre :

DIEU, JEANNE DARC ET NAPOLÉON IV,
Vision prophétique de l'avenir.

Je tiens à votre disposition, Madame la Maréchale, deux exemplaires de cet ouvrage sur papier vélin.

Permettez-moi de vous demander un accusé de réception de la présente lettre, afin que j'aie la certitude qu'elle vous est parvenue, et que j'ai rempli jusqu'au bout mon devoir de bon citoyen et de chrétien catholique.

Si des médecins athées prétendaient, selon leurs termes, que je suis atteint d'un *délire partiel*, je suis tout prêt à être confronté avec eux, et à leur prouver, par une discussion raisonnable et calme, toute ma sanité d'esprit.

Mon prétendu délire serait des plus singuliers et ne m'empêcherait : ni d'élever modestement et convenablement ma très-nombreuse famille, *sans rien demander à qui que ce soit*, me gardant bien, comme certains pères d'un ou de deux enfants, de mendier à la ville et ailleurs des bourses et des trousseaux ; ni de gérer avec un plein succès, *sous la protection spéciale de Dieu et de Jeanne Darc*, mes affaires commerciales : à tel point que s'il plaisait à Dieu de m'enlever de ce monde, ma femme et mes sept enfants, malgré leur bon sens et leur intelligence, ne seraient pas capables, à eux tous, de me remplacer.

Et sur ce, Madame la Maréchale, que Dieu et Jeanne Darc vous inspirent de tenir compte du présent avertissement, et vous aient en leur sainte et digne garde, ainsi que votre Auguste Époux, miraculeusement préservé par eux lors de l'accident de Ville-d'Avray.

Votre très-humble et très-obéissant serviteur,

FORTUNÉ ROUSTAN,

Libraire à Versailles, 100, rue de la Paroisse, père de sept enfants, et n'ayant, pour subvenir à tous leurs besoins que les produits de son commerce.

Nota. — Pour mieux me conformer aux volontés de Dieu et de Jeanne Darc, mon intention était de faire charger à la Poste de Versailles leur présente dépêche, qui recevra une grande et rapide publicité.

Je m'abstiens de ce mode d'envoi pour ne point paraître excentrique, et parce que je manque de temps pour remplir les formalités nécessaires.

Voilà donc ce que je disais dans ma lettre à Madame la Maréchale de Mac-Mahon.

Pour les gens qui ne croient pas au surnaturel, c'est l'œuvre d'un toqué. Pour ceux qui comprennent les voies de Dieu, c'est l'œuvre d'un inspiré.

L'avenir seul décidera si je suis inspiré ou monomane. Dans tous les cas et comme style, je crois ma lettre irréprochable, car elle est, selon moi, l'œuvre de l'Esprit-Saint, dont je ne suis que le très-humble et très indigne secrétaire.

En ma qualité de chrétien catholique inspiré, voici ce que j'annonce encore.

On ne transigera sur la question d'Orient qu'à coups de canon, de fusils, de bombes et de mitraille. Une grande nation comme la France ne pourra rester neutre. Elle devra s'allier avec la Russie et l'Autriche, peut-être même avec l'Allemagne. L'Espagne et l'Italie seront plutôt sympathiques qu'hostiles.

Le contre-coup de cette conflagration générale de l'Europe, si la France repousse les idées athées et matérialistes et se met hautement et hardiment sous la protection de Dieu, de Notre-Dame de la Salette et de Jeanne Darc, sera le recouvrement de l'Alsace et de la Lorraine, peut-être par la voie diplomatique et sans effusion de sang.

Mais il faut que l'odieuse race turque et musulmane, devenue en outre impotente et banqueroutière, disparaisse à tout jamais de la carte de l'Europe.

Telles sont les volontés de Dieu (Père, Fils et Saint-

Esprit, dans le sens de l'Église catholique), de la Très-Sainte Vierge, Mère de Dieu, invoquée sous le vocable de Notre-Dame de la Salette, et de Jeanne Darc, inspirée de Dieu et protectrice de la France.

Pour en revenir, Messieurs, à ma lettre à Madame la Maréchale de Mac-Mahon, en ma qualité de toqué ou d'inspiré, je m'étais mis dans la cervelle que Dieu m'ordonnait de donner une grande publicité à cette lettre.

Le *Figaro*, même moyennant cent francs, et l'*Office de publicité* Dollingen, passage des Princes, à Paris, malgré l'offre de 130 francs, n'ayant pas voulu m'insérer cette lettre, j'employai, comme moyen excentrique de publicité, les cris énergiques qui m'ont amené devant la justice. Je fis un four ou fiasco complet (passez-moi cette expression triviale), et j'eus le malheur d'être arrêté, incarcéré et poursuivi. C'était trop de malechances à la fois. Pour moi, il est évident que la police donna l'ordre de ne point parler de l'incident, qui n'en aura pas moins, mais un peu plus tard, un retentissement européen.

Voilà donc, en somme, Messieurs, pourquoi j'ai fait la mauvaise tête et me suis montré tapageur. Mais j'ai certainement agi avec la plus complète bonne foi. Dès lors je ne saurais être coupable. Si ma lettre à Madame la Maréchale de Mac-Mahon est légalement irrépréhensible, l'analyse que j'en ai faite sous forme de cri public ne saurait l'être davantage.

Après le four ou fiasco complet que je viens ainsi de conquérir, je vous assure, Messieurs et très-honorables Magistrats, que je suis corrigé pour longtemps de l'envie que je pourrais avoir de recourir à des moyens volontairement excentriques.

J'arrive maintenant à la partie non moins essentielle de ma plaidoirie, au Résumé des débats.

RÉSUMÉ DES DÉBATS

OBSERVATIONS PRÉLIMINAIRES

Pour bien m'apprécier, il faut se placer à mon point de vue spiritualiste.

Je suis un catholique profondément convaincu, et même un catholique ultramontain, qui ai en horreur les prétendues libertés de l'Église gallicane, lesquelles prétendues libertés constituent la révolution et presque l'athéisme en permanence au sein des plus respectables doctrines.

Dès lors, je crois très-sincèrement à la divinité de Notre-Seigneur Jésus-Christ, à sa présence en corps, en âme et en divinité, sous les espèces eucharistiques, aux glorieux priviléges et à la toute-puissance de notre bonne et excellente Mère, la Très-Sainte Vierge Marie, et encore à la puissance auprès de Dieu et à l'intercession des saints. Sous ce dernier rapport, je crois d'une manière toute particulière au pouvoir auprès de Dieu de Jeanne Darc, par la haute intercession de laquelle nous ne tarderons pas à recouvrer l'Alsace et la Lorraine.

Quand donc je combats pour la grande et sublime cause de Dieu, de Notre-Dame de la Salette et de Jeanne Darc, on me logerait une balle dans la tête, on m'enfoncerait une épée ou un poignard dans le cœur, qu'on ne me dompterait pas ; car on n'atteindrait jamais mon âme : elle est immortelle comme Dieu !

Les médecins aliénistes qui me traitent de fou et qui m'auraient tout récemment encore envoyé à Charenton ou à Sainte-Anne, aussi bien que leurs confrères de 1852 ou de 1870, s'ils n'avaient pas été retenus par leurs sentiments de commisération pour ma femme et pour mes enfants; les médecins aliénistes sont de nobles intelligences sans doute, mais des intelligences atrophiées et crétinisées par le matérialisme, et qui, en fait de spiritualité et à cause du ténébreux bandeau qui leur couvre les yeux, ne sont pas capables de s'élever seulement à la hauteur du talon avec lequel je voudrais les piétiner et les écraser.

Comme, depuis 1852, je suis l'innocente victime de cette misérable science insano-médicale, mon projet était, une fois pour toutes et publiquement, de la convaincre de mensonge, de la persifler avec audace et de la traîner aux Gémonies. Pour arriver à ce but, il aurait fallu faire citer cinq ou six maîtres de cette science impie et matérialiste, entendre leur témoignage et discuter devant vous leurs tristes doctrines. Ne voulant pas éterniser ces débats, j'ai dû renoncer à mon projet primitif; mais j'en ferai plus tard l'objet d'une brochure.

Qu'il me suffise de dire, quant à présent, que sur mon compte, et s'ils n'ont pas été les vils complaisants de la police impériale ou républicaine, ils se sont trompés lourdement, et que la preuve de cette grossière erreur a été faite devant vous.

CONCLUSIONS DÉFINITIVES

Après ces observations indispensables, je vais faire le résumé des débats.

La police radicale de M. Jules Simon-Suisse et le parquet de Versailles m'avaient précipité, du haut de la Roche tarpéienne, dans les profondeurs d'un abîme d'où nul mortel ne revient.

Par un vrai miracle de Dieu, j'ai rebondi énergiquement au-dessus de cet abîme, plus sain et plus vigoureux que jamais; et saisissant avec force mes bourreaux à l'improviste, et pendant qu'ils me croyaient écrasé, je les ai précipités eux-mêmes et tout de bon dans la profondeur du gouffre tarpéien qui ne les rendra jamais à la vie!

Je crois, en conséquence, avoir suffisamment prouvé

que c'est *comme prophète, me croyant réellement inspiré de Dieu*, que j'ai fait ma grande manifestation politique du mercredi 10 mai 1876 et cèlle du mardi 12 décembre de la même année.

Ayant, bien certainement, agi sans intention coupable, je ne saurais être justement condamné; et, lors même qu'on me considérerait, bien à tort, comme un monomane religieux, on n'aurait pas davantage le droit de m'enfermer; car, pour le gouvernement, je suis bien moins dangereux que les journalistes qui le harcèlent tous les jours; et si les hommes du 4 Septembre en sont réduits à craindre les cris sans portée d'un pauvre fou, il faut que ces tristes escaladeurs du pouvoir soient bien faibles et bien mal assis, qu'ils ne soient pas même en équilibre, et qu'ils aient totalement perdu leur centre de gravité.

Au point de vue juridique, j'ai prouvé que mes cris n'étaient pas séditieux; que le seul témoin, qu'on ait produit contre moi, est un agent de police aux gages du parti radical qu'avec l'aide de Dieu j'espère renverser; et qu'un tel agent, s'il n'est pas malhonnête, est au moins profondément inepte, et qu'il n'a compris ni le sens ni la portée de mes paroles.

Dignes et respectables Magistrats, les tristes gens du Quatre Septembre, après avoir, en 1870, perdu et désorganisé la France, voudraient aujourd'hui avilir et désorganiser la noble et indépendante magistrature française, en l'abaissant au rôle d'un valet qui exécute purement et simplement les ordres d'un maître injuste et capricieux. Vous résisterez énergiquement à ces coupables tendances et vous ne céderez pas aux injonctions occultes et indirectes de l'homme profondément conservateur et profondément républicain, deux expressions profondément bêtes et qui hurlent de se trouver ensemble; à moins qu'on ne les interprète de cette manière, que l'homme profondément conservateur ne sera pas conservé et que l'homme profondément républicain tombera profondément, c'est-à-dire au fond de l'abîme.

Mon acquittement, et mon acquittement le plus complet, *et avec constatation de ma parfaite sanité d'esprit*, sera donc une énergique et indépendante réponse à l'odieuse et brutale destitution d'un très-honorable magistrat !

De mon côté je donnerai une suite très-sérieuse à la plainte en arrestation et en détention illégales que j'ai portée devant le premier pouvoir du pays : devant le Sénat de la République française ; et je dirai, en outre, hardiment et plus que jamais :

A bas, par la voie de la dissolution légale, les tristes gens du Quatre Septembre, partisans des enterrements civils et coupables propagateurs des doctrines athées et matérialistes !

Et pour me conformer encore aux volontés de Dieu, de Notre-Dame de la Salette et de Jeanne Darc, je terminerai mon plaidoyer par ce cri solennel, répété trois fois, et qui retentira dans le monde entier :

ALSACE ! ALSACE ! ALSACE !

LORRAINE ! LORRAINE ! LORRAINE !

Vous ne tarderez pas d'être à nous !

POST-SCRIPTUM

Messieurs et très-honorables Magistrats, permettez-moi de vous faire encore une courte et dernière observation.

Le misérable Renan, dans un immonde livre bien connu, affirme, avec la dernière des impudences, que si Notre-Seigneur Jésus-Christ jugeait à propos de descendre de nouveau sur la terre et venait dans nos contrées, les tribunaux correctionnels seuls l'empêcheraient de répandre sa doctrine.

C'est pour réfuter d'une manière péremptoire et en quelque sorte par un argument *ad hominem* cette assertion impie et présomptueuse, qu'au nom de Notre-Seigneur Jésus-Christ et comme preuve qu'il est réellement vrai Dieu et vrai homme, j'ai résisté légalement et impunément à tous les pouvoirs humains, ainsi que je l'ai expliqué avec détail aux pages 8 à 14 du troisième Mémoire imprimé joint à mon dossier correctionnel.

Tout récemment encore j'ai bravé légalement et impunément, au nom de Notre-Seigneur Jésus-Christ, vrai Dieu et vrai homme, toute la police, tout le Parquet et même tout le tribunal de Versailles.

Néanmoins, j'espère fortement être acquitté par vous ; parce que, dans le fait, je n'ai commis aucun délit correctionnel (je crois l'avoir prouvé suffisamment) ; et, ensuite, parce que n'ayant été que le très-obscur et très-indigne instrument de Dieu, il n'est pas possible que j'aie violé sérieusement les lois, Dieu ne pouvant se contredire et me recommandant expressément lui-même de respecter toujours l'Autorité.

Et ce qui prouve encore que l'odieuse affirmation du misérable Renan est un impur blasphème sans portée sérieuse, c'est que moi, qui ne suis qu'un pauvre diable et une intelligence très-commune, et qui n'ai pour protecteur et pour inspirateur que Notre-Seigneur Jésus-Christ, j'ai proclamé impunément Napoléon IV en pleine Assemblée et devant des Pouvoirs antibonapartistes; et que, malgré toutes les menaces de la police et du Parquet, j'ai propagé et propagerai avec succès mes opinions politico-religieuses, dans lesquelles seules et pour l'avenir je vois le salut de la France. L'Empire que je rêve (un Empire profondément catholique), et dans lequel les légitimistes, qui forment un parti très-honorable, devront avoir une bien large part, l'Empire que je rêve, purgé de ses abus, sera désormais l'heureuse et logique association des principes religieux, des vrais principes de liberté, d'égalité et de fraternité, avec le principe autoritaire !

La Magistrature y sera indépendante.

Les pauvres, les malheureux et tous les honnêtes gens seront fortement protégés; le droit de pétition sera sérieux, toutes les réclamations des citoyens examinées avec beaucoup de soin; justice sera rendue à tout le monde; mais les mauvaises doctrines et les mauvais journaux seront poursuivis sans faiblesse et avec une inflexible sévérité!

Le futur Empire que je rêve sera le règne glorieux de la paix, de la justice et du bonheur!

Qu'il me soit donc permis de finir comme j'ai commencé.

Gloria in excelsis Deo et in terrâ pax hominibus bonæ voluntatis!

Le monde entier en vain s'efforce
De me susciter de l'ennui.
Mon Dieu, je vous ai dû ma force;
Mon Dieu, vous êtes mon appui!

OBSERVATIONS
RELATIVES A MON ÉTAT MENTAL

Dignes et respectables Magistrats, si j'ai fourni la preuve que je suis sain d'esprit, permettez-moi d'insister très-vivement pour que l'arrêt que vous allez rendre en fasse la mention expresse.

Vainement vous m'exonéreriez et de l'amende et de la prison. Malgré votre juste arrêt et votre impartiale indépendance, si ma parfaite sanité d'esprit n'est point constatée par vous-mêmes, dès demain la police radicale de M. Jules Simon-Suisse, comme elle l'a déjà fait en violation de toutes les lois divines et humaines; dès demain la police radicale du Ministre omnipotent du Quatre Septembre, plus forte que toutes les magistratures et que toutes les lois; dès demain, la police radicale de M. Jules Simon-Suisse, aidée d'un médecin timoré ou complaisant, m'arrachera de nouveau, malgré moi et malgré les larmes de tous les miens, à mon commerce, à ma femme et à mes sept enfants.

Cette cruelle épée de Damoclès est toujours suspendue sur ma tête : je le sais de source certaine, on ne cesse de me le dire, et c'est pourquoi je réclame à la Cour et à tout le public ici présent aide et protection.

La police radicale a cherché d'abord à se débarrasser de moi en m'envoyant dans une maison de fous. Se croyant sûre de son fait et avant même que mon état mental eût été examiné par un médecin, elle est venue avertir ma femme, dans les deux premiers jours de mon illégale détention, que je ne lui serais point rendu et qu'elle devait en prendre son parti.

Du haut de ma cellule, je n'en ai pas moins tenu tête à tout le monde. Par une lettre cachetée avec la mie du mauvais pain de prisonnier, j'ai demandé à M. le Président du Tribunal de Versailles que mon état mental fût constaté par trois médecins et non pas seulement par le médecin choisi par mes adversaires. La Trinité, beaucoup plus indépendante que la simple unité très-facile à circonvenir, m'a déclaré sain d'esprit.

Alors, la police radicale, à bout de ressources, et qui voulait ma séquestration ou ma condamnation à tout prix, m'a expédié un inepte ou faux témoin, que j'ai aplati et écrasé devant vous, et en ne me servant encore que des autres témoins cités par l'accusation.

Jamais l'Empire, même dans toute la force de son despotisme, n'a donné l'exemple d'une telle violation des lois.

En fait d'actes arbitraires et attentatoires à la naturelle liberté de l'homme, le parti radical a fourni, en 1871, les plus fâcheux exemples, et a maintenant comblé la mesure.

Pendant quatre jours et quatre nuits d'une horrible détention cellulaire, j'ai été sa victime et j'ai été torturé de toutes les manières; au point d'être conduit en menotte, publiquement et en plein jour, par un gendarme, et de partager la couche des malfaiteurs; et cela pour un prétendu délit correctionnel qui n'a jamais existé.

Au nom de victimes complétement innocentes, de ma malheureuse femme et de mes sept malheureux enfants, qui sont toujours dans les transes les plus cruelles, je supplie donc très-respectueusement la Cour de me protéger efficacement et de me défendre avec succès contre les procédés arbitraires et odieux de la police radicale.

La preuve que j'en suis l'innocente victime est faite avec détail dans une brochure (*Une poursuite politique pour prétendus cris séditieux*), que j'ai eu l'honneur de vous faire distribuer et que je répandrai avec profusion.

Et ce sera justice!

Typographie Lahure, rue de Fleurus, 9, à Paris.

www.ingramcontent.com/pod-product-compliance
Lightning Source LLC
LaVergne TN
LVHW010304230826
846091LV00007BB/2696

9782012462687